Mark Sarg

Der Papst als Heuschrecke

Mark Sarg

Der Papst als Heuschrecke

Bizarre Kurzgeschichten

Goldene Rakete Verlag für Belletristik

Imprint

Cover image: www.ingimage.com

Publisher:
Goldene Rakete Verlag für Belletristik
is a trademark of
International Book Market Service Ltd., member of OmniScriptum Publishing Group
17 Meldrum Street, Beau Bassin 71504, Mauritius

Printed at: see last page
ISBN: 978-620-2-44513-9

DAS AMÜSANTE GESCHÖPF

Ein amüsantes Geschöpf in einem lila Unterrock erzählte den Leuten die herrlichsten und wunderbarsten Witze und riss ihnen, während sie hellauf und unbändig lachten, mit einer Spezialmethode blitzschnell die Köpfe ab – die es dann in riesigen Regalen in seinem Schlafzimmer aufreihte.

Und Nacht für Nacht amüsierte es sich vor dem Einschlafen ***königlich*** über die unverändert ergötzten Gesichter.

UNERKLÄRLICHE TEUFELEIEN

Zwei übermütige junge Teufel guckten ihrem Chef, dem Höllenfürsten persönlich, beim Braten eines Papstes neugierig unter die Kochschürze, um herauszufinden, was es dort noch so alles gab.

Sie wissen es bis heute nicht.

Denn dies ist eine der ***un***erklärlichen Teufeleien ...

DIE UNAUSROTTBAREN LASTER

Sir Rufus Wanderbeutel war ***so*** unverbesserlich, dass er selbst im Tode noch seinen Lastern nachhing: Er verfasste weiterhin kleinliche Parteiprogramme, hielt polemische Wahlreden und trieb übelste politische Propaganda.

Allein, erstaunlich aber wahr – seine ***nun***mehrigen Genossinnen und Genossen **ignorierten** ihn nicht einmal mehr!

Geschweige denn, dass sie ihn ***wählten*** ...

DAS MELANCHOLISCHE GESCHÖPF

Ein melancholisches Geschöpf saß betrübt in der Kirche – weil es noch lebte.

Und als es gestorben war, lag es betrübt im Sarge – weil es ***nicht*** mehr lebte!

DER MELANCHOLISCHE SARG

„Gott, was waren das für Zeiten, als ich noch jung und knusprig war!“, seufzte melancholisch ein Sarg zu seinem 200. Geburtstag. „Und was soll ***ich*** dann erst sagen?!“, entrüstete sich seine „Gemahlin“, Demoiselle Frou-Frou Gluckmaus, die sich im Vergleich zu ihm in der Tat weit **weniger** gut gehalten hatte.

Worauf beide übereinkamen, dass es nun allerhöchste Zeit sei für ein neues, abermals **gemeinsames** Lebensabenteuer – welchem sie sich schließlich als strahlendes Brautpaar Mr. Flaminio & Mrs. Estrella Scharnigl unterzogen.

Ehe sie dann am Ende hinreichend **genug** hatten von ihrer Zweisamkeit, sich einäschern ließen – und danach **getrennte** Wege gingen.

DIE VERNUNFTEHE (2)

Ein Krokodil und ein Schwan waren die einzigen Überlebenden eines globalen militärischen Konfliktes.

Vorsichtig kamen sie einander näher – zogen die Lehre aus den Ereignissen, indem sie beschlossen, auf jede Art der Gewaltanwendung fürderhin zu verzichten – und gründeten eine reine Vernunftehe.

Bis zum nächsten, von ihren **Nachkommen** entfachten Weltkrieg soll sogar ***Liebe*** daraus geworden sein ...

DER PAPST ALS WOLLKNÄUEL

Um seinen allzu lange schon dahindarbenden Spieltrieb endlich wieder einmal **nutzbringend** auszuleben, verfiel Papst Lichtgans der Liebliche mit Hilfe der Verwandlungskünste Freund Luzifers auf eine begnadete Strategie.

In der Rolle eines Katers durfte letzterer ihn als **Wollknäuel** nach Herzenslust herumjagen – und vor allem aber immer aufs Neue ***entwirren***.

Wen wundert's, dass er bald einer der **Klügsten** und **Frommsten** seines Standes war.

DAS UNWÜRDIGE GESCHÖPF

Ein unwürdiges Geschöpf kroch den Leuten unter den Rock oder in die Hose – und zwar aus einem einzigen Grunde:

Um ihnen mit Nachdruck zu verdeutlichen, ***wie*** unwürdig es war ...

DAS VERWORRENE GESCHÖPF ODER

DER UNERKLÄRLICHE AUFSTIEG

Ein Geschöpf war so verworren, dass es den Eingang zur Kirche und damit zum Beichtstuhl nicht mehr fand.

Stattdessen tauchte es in der Nationalversammlung auf und beichtete seine zahllosen Sünden den **Abgeordneten**, die es allesamt für **Geistliche** hielt – worauf diese es im Gegenzug für das erwiesene Vertrauen postwendend zum Parlamentspräsidenten kürten.

Und unerklärlicherweise ist es mittlerweile sogar zum ***Staats***präsidenten avanciert ...

„BERAUBEN SIE SICH!“

„Berauben Sie sich schleunigst Ihrer Unschuld, mein Teuerster, sonst stehen Ihre Chancen hier auf Erden schlecht!“

Davon wusste der ebenso eigenbrötlerische wie feinsinnige Vicomte Joël Glückmaus wahrlich ein Lied zu singen.

Und so folgte er dem gütigen Drängen von Abbé Jérôme Schleudermichl – und ließ sich mit großer Verspätung doch noch taufen.

„BERAUBEN SIE SICH NICHT!“

„Berauben Sie sich doch nicht Ihrer eigenen Gesundheit, indem Sie einen physisch wie psychisch **Schwerstkranken** und **Grenzdebilen** in derartiger Bewunderung anbeten!“

Wiewohl ursprünglich an den blindwütigen Papstverehrer Sir Rodeo Sportlaus gerichtet, offenbart der Appell seines besorgten Therapeuten Dr. Shalom Waschvogel dennoch ganz wunderbar, weshalb sich die gesamte **Christenheit** in einem solch maroden, erbärmlichen und desolaten Zustande befindet …

„BERAUBEN SIE MICH!“

„Berauben Sie mich ruhig, die Versicherung zahlt ohnehin alles!“ Großzügig-gelassen ermunterte Lady Tilda Wasserspecht ihren jungen Galan Marzipan Purzelhintern, als sie ihn nachts in eindeutiger Absicht in der Bibliothek ertappte.

Worauf er ihr überschwänglich dankte – und auch ***sie*** gleich mitgehen ließ.

Was freilich von der Versicherung ***nicht*** abgedeckt war …

„BERAUBEN SIE MICH NICHT!“

„Berauben Sie mich nur ja nicht meines Verstandes, junger Mann!“, tadelte errötend Prof. Walford Goldschlips den ehrgeizigen Kandidaten Huxley Kreuzwurm, der halbnackt bei ihm zur „Prüfungsvorbereitung“ erschienen war.

Da gab ihm dieser natürlich schnell den Rest – indem er sich ***ganz*** auszog.

GLÜCKLICHE GFRASTER

Als „glückliche Gfraster“ pflegte voller Stolz Mrs. Edelgack Stolperhut ihre zahlreichen Kinder zu apostrophieren. Glücklich – weil sie ***sie*** zur Mutter hatten. Und Gfraster – weil sie von ***ihr*** abstammten.

Aber wirklich nur sehr **Wenige,** ausgesucht Ehrliche und Mutige, würden schließlich so weit gehen, ihre Sprösslinge als „***un***glückliche Gfraster“ zu bezeichnen ...

DIE LEICHE UND DIE SACHERTORTE

Melancholisch gedachte die selige Lady Astrid Hühnerteufel immer wieder mal der stattlichen Biskottentorte, die zu ihrer Hochzeit mit Lord Dagobert aufgetischt worden war.

Aber überaus **beglückt** erinnerte sie sich stets der imperialen ***Sacher***torte mit Schlag – die sie sich aus Anlass ihrer Scheidung ganz ***alleine*** vergönnt hatte!

DIE AUFGEWECKTE LEICHE

Als überaus **aufgeweckt** darf wohl Madame Nathalie Zwitschergeist in ihrem nachmaligen Zustande bezeichnet werden. Stets zu Späßen aufgelegt, war sie zu jedermann nett und freundlich, und hatte immer ein kluges Bonmotchen parat.

Und das, obwohl sie die liebe Verwandtschaft am Morgen vor ihrem Tode **aufzuwecken** und ihr die lebensrettende Medizin zu verabreichen „***vergessen***" hatte!

Möglicherweise aber war ja gerade dies der Grund für die spätere Aufgewecktheit ...

DIE VATIKANISCHE LEICHE

Hierbei ist ausnahmsweise einmal n i c h t vom Papst die Rede.

Doch ***mehr*** darüber zu berichten, wäre ***dennoch*** höchst unkatholisch – weshalb mit Rücksicht auf den Letzteren großzügigst darauf verzichtet wird ...

DER EILIGE HEILIGE

So eilig hatte es Papst Hudribusch I. mit seinen Heiligsprechungen, dass ihm bald die Anwärter hierfür ausgegangen waren.

Davon bekam natürlich auch der Teufel Wind, und so eilte er im frommen Pilgergewand nach Rom, um Seiner Heiligkeit devot die Zehen zu lecken – was ihm gleichfalls den Heiligenstand eintrug.

Für sein Verdienst, die Heiligkeit der Kirche wie kein anderer gemehrt zu haben, sprach sich Hudribusch der Erste dann auch in seiner letzten Amtshandlung vor dem Tode **selber** heilig – was sein Nachfolger, Fludribusch der Letzte, in seiner ersten Amtshandlung feierlich anerkannte und für rechtmäßig erklärte.

Der heilige Teufel hingegen betrachtet es seither als heiligste Pflicht, sich mit **Vehemenz** der Belange des Christentums anzunehmen ...

DAS HIMMLISCHE GRINSEN

Graf Tizian Meerretich erwachte mit einem geradezu himmlischen Grinsen über dem ganzen Gesicht. Hatte er doch eben voller Wonne in einem visionären Traume den amtierenden Papst Mohnlump den Großen bei einem wilden und ausschweifenden Tanz mit Luzifer in der Hölle erlebt.

Und ***er***, als ***Besucher***, durfte wieder gehen …

DIE MÄRCHENHAFTE HAFT

Höchst intensiv und erbaulich träumte Monsieur Ephraim Hinterbeutel von einer Fee, die ihn auf geradezu märchenhafte Weise in einer Art „Schutzhaft“ hielt – um ihn in liebevoller Obhut vor dem **Leben** zu bewahren.

Als er zwischendurch erwachte, fiel ihm ein, dass er gottlob ohnehin schon seit Jahren tot war.

„Wie ***nach***haltig man sich doch nur vor dem Leben fürchten kann!“, schmunzelte er – und träumte zufrieden weiter.

DER MÄRCHENHAFTE ABGRUND

„Welch märchenhafter Abgrund!“, seufzte betört Chevalier Hannibal Hintervogel angesichts eines imposanten, malerischen Gebirgsabhangs, ehe er ausglitt, hinabstürzte – und sich in einem Grabe wiederfand.

„Welch Alptraum!“, rief er aus, als er erwachte.

Doch wie überrascht war er, dass er **wirklich** in einem Sarge lag.

DAS RANZIGE GESCHÖPF

Ein ranziges Geschöpf pilgerte von Ort zu Ort –
niemand mochte es, Konsequenz: Selbstmord.

„Wie konnte ich nur ranzig werden bloß!",
beklagte es rückblickend sein traurig' Los,
„Wie ist man ***dämlich*** doch mitunter!"
Nun ist es wieder frisch und munter ...

DIE SARGNYMPHE

Eine Nymphe liebte es, in ihrer spärlichen Freizeit zur Entspannung und Erholung in einem **Sarg** zu liegen. „Nichts Göttliches ist mir fremd!“, pflegte sie, nachsichtig schmunzelnd, ihre etwas merkwürdige Vorliebe sich selbst gegenüber zu pardonieren.

Dass es sich freilich stets um einen ***anderen*** Sarg handelte und der jeweils rechtmäßige Inhaber noch ***darin*** lag, tat ihrer Überlegung keinen wie immer gearteten Abbruch dabei ...

DIE GELEHRTE LEICHE

Eine Pariser Leiche war so gelehrt, dass sie es irgendwann schlicht nicht mehr aushielt. „Wozu dies alles nur in meinem Zustande?!“, haderte sie mit sich selbst, kletterte auf den Eiffelturm und stürzte sich hinab.

Doch als sie unten ankam, war sie ***noch*** gelehrter – durch die Erkenntnis, dass ihr „Verzweiflungsschritt“, von einigen unvermeidlichen Blessuren abgesehen, keinerlei sonstige Veränderung bewirkt hatte.

Da ***fügte*** sie sich gottergeben in ihr Schicksal – hat allerdings zur besseren Verwertung ihres Potentials seither einen Lehrstuhl an der Sorbonne inne ...

DER HEILIGE TEUFEL

Ein Teufel wurde von der gesamten Bevölkerung als **Heiliger** verehrt. Wie das?

Immer trug er Sandalen, ein weißes Pilgerkleid, und frische Dauerwellen über den Hörnern, grinste jedem nur barmherzig und fromm zu und hielt ihm Rosenkranz und Kreuz unter die Nase.

Doch was vor **allem** ihn über jeden Zweifel stellte: Er ging beim ***Papste*** ein und aus!

DAS UNERWARTETE GESCHÖPF

Von seiner – gänzlich unerwarteten – Geburt an handelte und verhielt sich ein Geschöpf immer völlig **unerwartet** in seinem Leben.

Unangemeldet erschien es bei Leuten zum Tee und verließ sie erst wieder, wenn sie es schon nicht mehr erwarten konnten; rasierte sich am Valentinstag in einem Blumenladen vor einer Schlange von Schaulustigen, obwohl es nicht den geringsten Haarwuchs aufwies; riss dem Pfarrer während der Kommunion den Kelch aus den Händen und verteilte die Hostien zwecks (unerwarteter) Läuterung an die Abgeordneten im Parlament; zwang bei einer Blitzvisite in Rom den Papst zu einer „Sonderaudienz“, als er gerade ein heißes nächtliches Bad nahm; konvertierte zum Hinduismus anschließend – und starb – zur Krönung seines so unerwartet reichen Lebens – plötzlich und unerwartet vor Schreck auf offener Bühne, als es der gefeierten Primadonna Adele von Haubensack während ihrer ausgedehnten Wahnsinnsarie unter die Nachtrobe schlüpfte und erkennen musste, dass sie weder ein menschliches noch ein göttliches Wesen war.

Wer aber nun **erwarten** sollte, dass es in Wahrheit weiterexistiert, der hat mit seiner Vermutung ausnahmsweise recht. Wenn auch natürlich auf gänzlich **unerwartete** Art und Weise ...

DER GLÜCKLICHE SARG

Gnadenlos verweigert sich ein Sarg jeder noch so schönen Leiche: „Ich habe nicht das **Geringste** übrig für euresgleichen! Sucht euch einen **anderen** Dodel gefälligst!“

Und wer ihn befremdet fragt, weshalb er dann überhaupt Sarg sei, hört als erstaunliche Begründung: „Einzig um meiner ***selbst*** willen. Ich genüge mir **voll** und ganz!“

So lebt er denn bis heute glücklich und zufrieden – gerade ***weil*** er keine Leiche zu seinem Wohle benötigt. Und sollte er irgendwann einmal selber sterben, braucht er wohl auch keinen Sarg ...

DER UNENTSCHLOSSENE SARG

„Ich bin ***nicht*** zu Hause!“, rief stets vorschnell ein Sarg, sobald ein Anwärter bei ihm anklopfte. Damit ihm nur ja niemand zu nahetrete, denn seine „Intimsphäre“ war ihm heilig.

Mit dem Erfolg, dass er bis zuletzt alleine blieb – ohne dies wirklich zu wollen.

Dabei tröstete er sich ständig: „Wenn der ***Richtige*** kommt, werde ich auch ***da*** sein. Und wenn nicht, ***war*** es eben nicht der Richtige!“

DIE GEFRÄSSIGE KREATUR (2)

Eine Kreatur war so gefräßig, dass sie vor nichts und niemandem Halt machte, und dennoch niemals satt war – was sie zunehmend als überaus unbefriedigend, ja verdrießlich empfand.

Und um diesem endlich **wirksam** zu begegnen, fraß sie sich schließlich selber auf.

Aber gerade das steigerte ihr Verlangen noch weit ***mehr*** ...

DIE RELIGIÖSE VERWIRRUNG

Comtesse Babette Grauschleier befand sich in einem solchen Zustande religiöser Verwirrung, dass sie nicht mehr aus noch ein wusste.

Schließlich bat sie inständig die Katholische Kirche um Rat und Beistand.

Seitdem ist sie Dauergast der diakonischen **Irrenanstalt**.

DER VERBESSERUNGSWÜTIGE

Herr von Mops verbesserte sich immerdar
– bis er eines Nachts sogar **gestorben** war.

„Jetzt endlich ist mein Ziel erreicht!“,
jauchzte er ganz aufgelöst und leicht.

Und voll ungestümem, wildem Glühen
begann er erst so richtig aufzublühen ...

DAS SONNIGE GESCHÖPF ODER

DER VERGNÜGLICHE TOD

Ein sonniges Geschöpf hüpfte den Leuten in den Rachen und kitzelte sie so lange, bis sie vor lauter Lachen erstickt waren.

Denn es betrachtete es als vornehmste Pflicht, seinen Zeitgenossen ein möglichst ***vergnügliches*** Ende zu bereiten.

DER VORSORGLICHE SARG

Vorsorglich erschlug ein Sarg mit seinem Deckel jede frisch „Angetraute" gleich in der ersten Nacht, um ganz sicherzugehen, dass sie ihm nur ***ja*** treu bliebe und ihn niemals mehr verlasse.

Und dann warf er sie vorsorglich auch noch hinaus. Für den Fall, dass seine erstere Maßnahme ***doch*** nichts fruchten sollte ...

DER TEUFLISCHE SARG

Ein Sarg wartete so lange, bis seine Zöglinge sich völlig sicher in ihm fühlten und endlich in Frieden ruhten – um sie dann urplötzlich zurück ins raue Leben zu werfen.

Und zwar nicht etwa nachts, irgendwo auf den Friedhof, sondern am helllichten Tage – hinein ins **Parlamentsgebäude**, mitten in eine hitzige „Grundsatzdebatte“!

Doch was beinahe ***noch*** teuflischer war: Die Abgeordneten **merkten** gar nicht, welche neuen „Mitglieder“ sie da untergeschoben bekamen – obwohl es deren immer ***mehr*** wurden ...

DER GESUNDHEITSBEWUSSTE SARG

Ein Sarg, der schon als Kind gelernt hatte, dass guter Appetit ein Zeichen bester Gesundheit sei, erhob diesen Grundsatz später zum Prinzip – und fraß gleich in der ersten Nacht jede ihm anvertraute Leiche auf.

Und die Wartezeit bis zur nächsten brachte er mit konsequentem **Fasten** zu – von dem ja ebenfalls behauptet wird, dass es der Gesundheit ausgesprochen förderlich wäre ...

DAS MERKWÜRDIGE GESCHÖPF

Ein Geschöpf war so merkwürdig, dass es selbst nicht die geringste Ahnung hatte, wer oder was es eigentlich sei.

Und um seine Merkwürdigkeit noch zu mehren, wusste es nicht einmal, ob es überhaupt **tatsächlich** existierte – oder sich dies nur einbildete ...

DIE TRAGISCHE LEICHE

Eigentlich **wusste** Miss Natascha Greenvogel in ihrem nachmaligen Zustande überhaupt nicht mehr, ***weshalb*** sie so tragisch gestimmt war.

Alles in ihrem Leben bis hin zum höchst dramatischen Tode war planmäßig genau nach ihren (tragischen) Vorstellungen verlaufen. Und **dennoch** fühlte sie sich ausgesprochen tragisch.

Aber genau dies ***war*** ja das Tragische an ihr ...

DIE THEATRALISCHE LEICHE

Von ihrer bürgerlichen Existenz bis zuletzt alles andere als ausgefüllt, gedachte Mrs. Galathea Rahmbeutel ihre starke theatralische Ader wenigstens **danach** noch „auszuleben“ und zu erproben. Sooft sie sich beispielsweise aus dem Sarg erhob, verneigte sie sich mit ausgesuchter Huld und Grazie gegenüber ihren Gruftgesellinnen – die ihr zwar stets mechanisch applaudierten, sich aber sonst nicht weiter um sie kümmerten.

„Ich verheize mich hier **völlig**; ich bin weiß Gott zu Höherem geboren!“ Von spätem Ehrgeize gepackt verließ sie das „Probiergewölbe“, nicht ohne sich zum Abschied gebührend feierlich verbeugt zu haben, und bewarb sich am nächsten Stadttheater. Daselbst erkannte man ihr Talent im Nu und engagierte sie als überaus werbewirksame „Empfangsdame“ und Billeteuse.

„Auch hier vermag man meine Fähigkeiten nicht recht zu würdigen!“, stellte sie jedoch bald ernüchtert fest. „Früher war mir zumindest Beifall sicher!“ Und sie kehrte zurück an ihre vormalige Wirkungsstätte.

Dort macht sie neuerdings sogar den Hofknicks, was ihr immerhin einigen Applaus **zusätzlich** beschert – und ihre Hoffnung nährt, irgendwann auch noch den **entscheidenden** Karrieresprung zu meistern ...

DER GESCHENKTE SARG

Von einem unbekannten Verehrer bekam Monsieur Didier Hühnerschuster einen wunderschönen Sarg geschenkt – den er sich jedoch getreu dem streng praktizierten Wahlspruch: „Einem geschenkten Gaul schaut man nicht ins Maul“ nie zu öffnen traute.

Bedauerlich – denn als er dies, legitimiert durch seinen Tod, dann endlich doch tat, musste er mit „posthumem Schock“ feststellen, dass er bereits besetzt war. Und so konnte er nicht umhin, sein letztes Geld, welches er ***zu*** gern als „Mitgift“ hinübergerettet hätte, noch rasch zur Anschaffung eines weiteren Sarges zu verwenden.

Denn dass **andere** dies für ihn besorgten, wollte er nun wirklich kein **zweites** Mal riskieren ...

DER BESITZERGREIFENDE SARG

„Nur herein!“, flüsterte galant ein überaus eleganter, exquisiter Sarg immer wieder mal besonders Auserwählten zu – und dieser verlockenden Einladung mochte natürlich kaum einer widerstehen, umso mehr er sie mit einer Tüte Pralinen zusätzlich versüßte.

„Nur hinaus!“, dachte jedoch jeder, der sich geschmeichelt auf eine Nacht mit ihm eingelassen hatte, und gab sich allergrößte Mühe, nur schleunigst das Weite zu suchen, solange ihm dies noch möglich war. Haftete dem Sarge doch die unglaubliche Tendenz an, von seinen Partnern auf geradezu ungeheuerliche Weise **Besitz** zu ergreifen.

Und dies ist wohl auch mit Sicherheit der einzige Grund, weshalb er trotz seines überwältigenden Charmes bislang keine **dauerhafte** Beziehung gefunden hat.

Andere Särge scheinen in diesem Punkte, mit bedeutend weniger Charme, eine weit ***lohnendere*** Strategie zu verfolgen ...

TEUFLISCHE LEGENDEN

„Durchweg christliche ***Legenden***!“ So die Essenz des Schlusskommuniqués einer erlauchten Skeptikerkommission, die von Papst Heroicus I. aufgerufen war, die **Bibel** kritisch zu durchleuchten.

Und dabei fiel ihr Urteil noch recht glimpflich aus – hatte den Heiligen Vater doch zuvor die beängstigende nächtliche Vision beschlichen, dass es sich gar um ***teuflische*** Legenden handelte ...

DER PAPST ALS HEUSCHRECKE

Zur Eindämmung einer wüsten Heuschreckenplage beschritt Papst Schnickschnackius der Schlaue einen „salomonischen“ Weg: Er wurde selbst zur Heuschrecke und redete nun seinen Artgenossen gut zu.

Doch irgendetwas lief schief – denn fatalerweise wurden plötzlich strenggläubige ***Christen*** aus ihnen, die nun erst recht über das ganze Land herfielen und dabei unendlich mehr Schaden anrichteten als in ihrem vorherigen, weit harmloseren und unschuldigeren Zustande.

Da half es dann auch nicht viel, dass sich der Heilige Vater schleunigst wieder in seine „Originalgestalt“ zurückverwandelte ...

Printed by Books on Demand GmbH, Norderstedt / Germany